Si le das un panqueque a una cerdita

Una vez más, para Stephen—F.B.
Para Laura Geringer, con afecto y eterna gratitud—L.N.

Si le das un panqueque

ISBN 0-439-13955-4

35 22

Printed in the U.S.A. 150

First Scholastic printing, September 1999

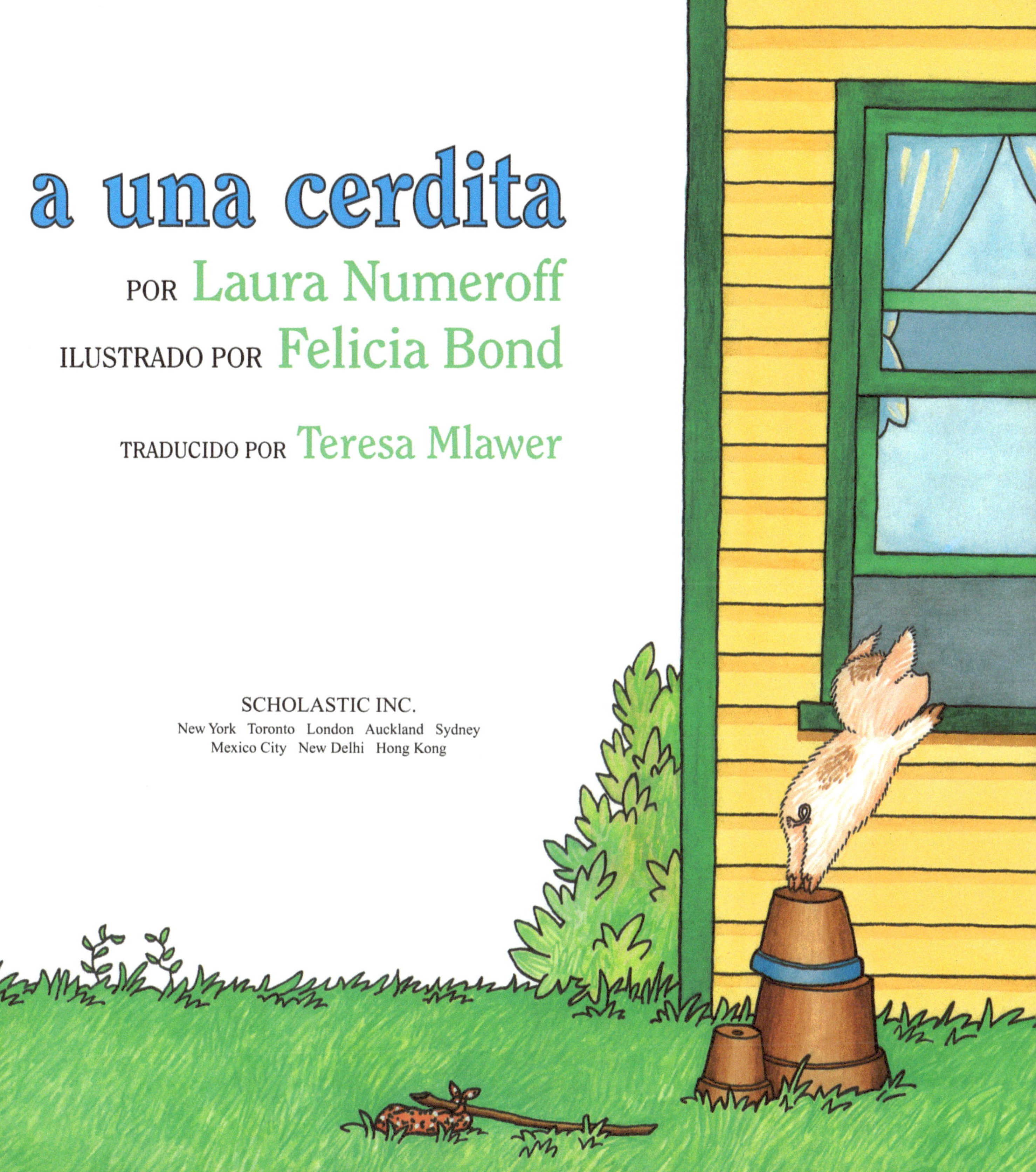

a una cerdita

POR Laura Numeroff
ILUSTRADO POR Felicia Bond

TRADUCIDO POR Teresa Mlawer

SCHOLASTIC INC.
New York Toronto London Auckland Sydney
Mexico City New Delhi Hong Kong

Si le das un panqueque a una cerdita,

seguramente lo querrá con almíbar.

Le darás un poco de tu almíbar favorita

y es casi seguro que se pondrá toda pegajosa.

Querrá darse un baño

y te pedirá el jabón
de burbujas.

Una vez que tenga el jabón de burbujas, te pedirá un juguete y tendrás que buscar tu patito de goma.

El patito le traerá recuerdos de la granja donde nació, y se sentirá tan triste que querrá visitar a su familia.

Te pedirá que la acompañes
y buscará una maleta.
Primero, buscará en el armario,

después, debajo de la cama,

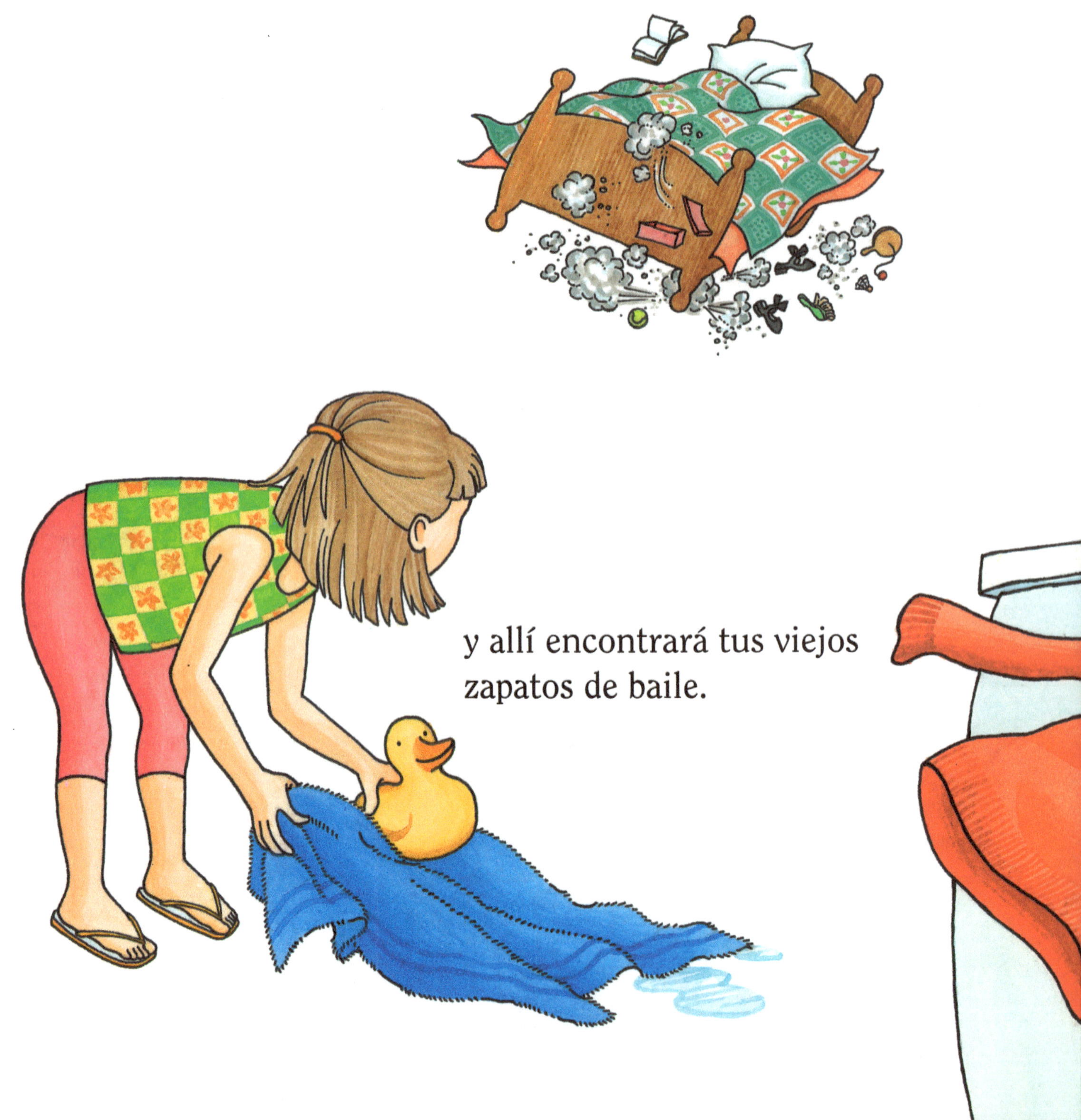

y allí encontrará tus viejos
zapatos de baile.

Seguro que se los probará
y luego querrá ponerse algo
que le haga juego con los zapatos.

Una vez que esté lista, te pedirá que le pongas música.

Tocarás tu canción
favorita en el piano,
y ella comenzará a bailar.

En ese momento, querrá que le tomes una foto

y tendrás que ir a buscar tu cámara.

Pero cuando vea la foto,

querrá que le tomes más.

Después querrá enviarle una a cada uno de sus amigos

y tendrás que darle
sobres y estampillas

y luego acompañarla
hasta el buzón de correos.

Por el camino, se fijará en el árbol que hay en el patio de la casa y querrá construir una casita en sus ramas.

Y tú tendrás que buscarle la madera,
el martillo y los clavos.

Y cuando la casita esté terminada,

querrá decorarla.

Entonces, te pedirá papel pintado y cola.

Al empapelar las paredes,
seguramente se pondrá toda pegajosa

y al sentirse pegajosa
se acordará del almíbar.

Es probable que te pida un poco,

y es casi seguro . . .

que si te pide un poco de almíbar

también querrá que le des un panqueque.